Original Title: Verse des Herzens

Copyright © 2023 Book Fairy Publishing
All rights reserved.

Editors: Theodor Taimla
Autor: Isabella Ilves
ISBN 978-9916-39-323-9

Verse des Herzens

Isabella Ilves

Passacaglien der Plattformen

Auf digitalen Planken, Wir tanzen, Leben ranken,

Virtuelle Passagen, voller Masken, ohne Fragen,

Signale durch die Leitung, Verbindung ohne Deutung,

Die Plattformen klingen, wo wir stillschweigend schwingen.

Profile des Persönlichen

Gesichter hinter Glas, so nah und doch so blass,

Eine Seite voll Erzählungen, Profile gegen Verdrängungen,

Jedes Bild, jeder Text, getaucht in Persönlichkeitseffekt,

Im Netz der Eitelkeiten, Profile im Spiegelstreit.

Dialoge des Daseins

Worte fließen sanft im Raum, ein leises Daseinsflüstern,

Zwei Seelen kreuzen ihren Pfad, in Dialogen kühn gemustert,

Fragen weben durch die Stille, Antworten noch verhalten,

Im Zwiesprache der Herzen, ist das Sein fein umgestaltet.

Kontraste der Kontinuität

Stillstand in Bewegung, erzählt von altem Neuen,

Das Morgen gleicht dem Gestern, in ewig gleichem Erneuern,

Kontraste spielen sacht, in des Schicksals langem Lauf,

Das Gewand der Zeit verändert, doch der Kern der bleibt im Staub.

Worte der Wärme

In sanften Silben flüstert Nacht,
Für die Herzen kalt entfacht,
Worte wärmen wie ein Mantel,
Still umhüllt, ein zartes Handeln.

Worte weben woll'n Geborgenheit,
Wie Kerzenschein in Dunkelheit,
Durch Sprache Brücken zärtlich bauen,
Vertrauen in den Seelen klauen.

Im Einklang klingen leise Laute,
Sanft durchfluten sie die Haut, e-
Infusorien der Zuneigung,
Gedankenflug zur Herzenneigung.

Sinfonien des Sehnens

Töne tanzen, Sehnsucht singt,
Melodien, die tief durchdringen,
Ein Orchester voll Leidenschaft,
Das in der Seele Liebe schafft.

Harmonien in Hoffnungswogen,
Die stets nach zarten Herzen zogen,
Klänge küssen das Gemüt,
Wo stille Sehnsucht ewig glüht.

Chöre der Verlangenslieder,
Erheben Seele, fallen wieder,
In Dur und Moll die Sehnsucht spielt,
Bis sie in Erfüllung zieht.

Klimax der Kommunion

Begegnung auf des Daseins Spitze,
Zwei Seelen teilen Lebenshitze,
In einem Takt das Herz nun schlägt,
Gemeinsam Traum und Zeit bewegt.

Gefühle wie ein Strom so mächtig,
Verbinden uns, unscheinbar, prächtig,
Auf Höhepunkten zart verwoben,
Wo Worte sind in Licht erhoben.

Die Stille spricht in hohen Tönen,
Im Zeichen der Vereinung krönen,
Die Kommunion in reiner Pracht,
Wo Zweisamkeit zur Einheit macht.

Motive der Mystik

Geheimnisse, die leis' umschleichen,
In dunkle Ecken fein verbreichen,
Mystik webt ein stilles Zelt,
Über den Grenzen unserer Welt.

Im Zwielicht schimmern alte Zeichen,
Die zu unbekannten Reichen,
Volle Magie und alter Druidentraum,
Verbergen sich im Nebelsaum.

Symbole, die die Zeit durchreisen,
Um uns ihre Weisheit leisen,
Das Mysteriöse stets besteht,
In der Seeile tief verwoben geht.

Takte des Trostes

Im Schoße der Nacht, sanft und still,
Wo der Mond seine Bahn ziehen will,
Liegen Träume wie Blätter verweht,
Hoffnung die leise im Herzen besteht.

In der Stille, wo Trost leis' erwacht,
Findet die Seele wieder ihre Macht.
Gebrochenes wird behutsam genäht,
Während eine leise Melodie weht.

Jeder Takt, ein Schritt ins Licht,
Verheißung, die im Dunkeln spricht.
Jede Note trägt weit und breit,
Die Süße der vergessenen Zeit.

Balladen der Bindung

Hand in Hand den Weg entlang,
Das Leben spielt seinen süßesten Klang.
Zwei Seelen weben ein stilles Band,
Unsichtbare Fäden von Liebe gespannt.

Durch Stürme und Stillen, Tag und Nacht,
Hat das Schicksal sie hierher gebracht.
Im Tanz durch die Jahre, fest umschlungen,
Die Ballade der Bindung wird gesungen.

In jedem Vers ein Versprechen liegt,
Dass auch das Dunkel zum Licht sich neigt.
Jeder Reim trägt die Zweisamkeit,
In der Ewigkeit der Verbundenheit.

Harmonien des Empfindens

Gefühle fließen in Melodien ein,
Harmonien im Herzensschein.
Jedes Geflüster, ein zartes Beben,
Eine Sinfonie, die bleibt im Leben.

Liebe, Freude, Trauer und Glück,
Jede Empfindung kehrt zurück.
In Noten geschrieben, ewig und rein,
Durchfluten sie uns, lassen uns sein.

Echos der Seele, im Wind verweht,
In jeder Harmonie, die still besteht.
Geben uns Kraft, geben uns Sinn,
Tragen uns fort, wo Gefühle Beginn.

Akkorde des Anklangs

Wenn ein Wort, wie Musik, in den Raum fällt,
Und in seiner Bedeutung, die Stille erhellt,
Dann schwingen Akkorde in reiner Form,
Verbreiten im Echo den Anklangswarm.

Eine Stimme, die in den Herzen klingt,
Akkorde, die Freude und Hoffnung bringt.
Jeder Klang, ein Spiegel der Zeit,
Von der Vergangenheit in die Zukunft leit.

Resonanz findet sich überall wieder,
In Momenten, leise oder auch nieder.
Akkorde des Anklangs, tief und voll,
Erzählen von Leben, das niemals hohl.

Klänge des Kerns

Im Herzensraum, so still und weit,
Ein Echo tief, das leise gleitet,
In Resonanz mit der Ewigkeit,
Als stumme Melodie, die begleitet.

Sanfte Töne, im Kern entsprungen,
Durch Kammern klingen sie, vertraut,
In jedem Schlag, neu angefangen,
Von Lebensmelodien durchgraut.

Klänge flüstern von Geheimnissen,
Die in der Stille Wahrheit finden,
Vom tiefsten Innern fortgeschwissen,
Um im Außen sich zu entzünden.

Stetig ruft des Herzens Kern,
Im leisen Rhythmus, zart und fern,
In uns eine Welt entsteht,
Die durch Klänge erst versteht.

Visionen der Vereinigung

Zwei Seelen tanzen, leise, sacht,
Ein Bild von Harmonie und Macht,
Ihr Flüstern trägt durch Zeit und Raum,
Vereint im selben Lebenstraum.

Wie Flüsse, die zum Meere zieh'n,
Durchkreuzen Welten sich und flieh'n,
In ihrer Strömung, stark und klar,
Finden sie sich, Jahr um Jahr.

Das Universum, weit und groß,
Zieht sie zusammen - grenzenlos,
Ihre Visionen, bunt und reich,
Erzählen von dem Himmelreich.

Im Tanz der Sterne, unberührt,
Ein Band, das Zeit und Raum durchschnürt,
Vereinigung, die ewig währt,
Ein Bild, das Himmelskraft begehrt.

Träume der Treue

In stillen Nächten, klar und rein,
Wo Träume in die Ferne zieh'n,
Da flüstert leis die Treue fein,
Und lässt die Seelen sanft erglüh'n.

Von tiefer Zuneigung beseelt,
Ein Band, das niemals sich entzweit,
Hat Treue stetig uns erwählt,
In ihr, verweilen wir zu zweit.

Sie malt auf dunkle Himmelsleinwand,
Mit Sternenstaub ein ewig Bild,
Durch Treue tief im Herzen einbrennt,
Ein Vow, das niemals lärmig schrillt.

So wie der Mond in stiller Nacht,
Uns ständig treu entgegen lacht,
Bleibt auch der Traum in uns lebendig,
Durch Treue, echt und unendlich.

Perspektiven der Passion

Im Feuerwerk der Leidenschaft,
Entzünden Funken, wild entfacht,
Die Perspektiven, klar gedacht,
Ein Lebenswerk aus Passion gemacht.

Die Glut, die in den Augen brennt,
Von tiefem Wollen, Drang entflammt,
Da ist es, wo man Liebe nennt,
Wo Leidenschaft uns in Beschlag nimmt.

Mit jedem Atemzug verspürt,
Wie Feuer durch die Adern führt,
Die Passion, sie formt und schmiedet,
Bis Herz und Wille sich verbündet.

Die Perspektive, stets gerichtet,
Auf das Ziel, das uns verpflichtet,
Leidenschaft, die niemals bricht,
Ein Leben lang das Herzgewicht.

Skizzen der Schnörkellosigkeit

In Ecken klar, in Linien treu,
Ohne Zier, die Wahrheit scheu,
Skizzen der Schnörkellosigkeit,
Karge Zeichnungen der Bescheidenheit.

Geradlinig zieht der Pfad sich hin,
Kein Ornament das Auge gewinnt,
Schlichte Schönheit, unverhüllt,
In der Einfachheit ganz erfüllt.

Ecken scharf, Kanten fest,
Jede Linie klar protest,
Gegen Schnörkel, gegen Schwung,
Jeder Strich vollendet, jung.

Klare Muster, ohne Pracht,
Haben stille Kraft entfacht,
Reine Formen, unbestechlich,
Schön in ihrer Schlichtheit, unerreichtlich.

Kontemplationen der Konstanz

Stete Wellen, Zeit verfließt,
Immergleich, die Welt genießt,
Flüsternd spricht das Meer der Ruh,
Konstanz, deine Lehre tu.

Unverändert, Tag für Nacht,
Stiller Zeuge ewiger Macht,
Himmel, wandle, Sterne zieh'n,
Doch der Kern bleibt immer kühn.

Bäume wachsen langsam, sacht,
Jahresringe halten Wacht,
Über Zeit, die stetig flieht,
In der Konstanz Herz sich wiegt.

Felsen trotzen ewiglich,
Sturm und Wetter - unerbittlich,
In sich ruhend, fest und stark,
Kontemplativ ihr stilles Mark.

Capriccios der Charaden

Masken lachen, Tänzer drehen,
Capriccios sich stetig wehen,
Rätsel reißen uns hinein,
In das Spiel der Charaden Schein.

Bunte Bänder, wirres Weben,
Scherze tanzen, heiteres Leben,
Doch im Lachen, still verborgen,
Tiefere Wahrheit, schwer errungen.

Irrlichter tanzen in der Nacht,
Was uns ernst, wird hier verlacht,
Capriolen werfen Schatten,
Charaden die Sinne umgarnen, betatten.

Tückisch lächelt das Versteckspiel,
Wer entwirrt des Rätsels Gefühl,
Capriccios im Mondenschein,
Laden ein zum Sein, zum Schein.

Variationen des Verlaufs

Leben fließt in vielen Bahnen,
Stets beginnend neue Planen,
Jeder Schritt, eine Variation,
Des großen Flusses, der Aktion.

Wege kreuzen, ziehen Bögen,
Kein Verlauf bleibt ungezogen,
Überraschung hinter Ecken,
Lebensspiele, die uns schrecken.

Ströme fließen, nicht zu fassen,
Muster, die zusammenpassen,
Oder divergieren weit,
Variation zeigt die Zeit.

Doch im Wandel, konstant treu,
Folgt das Leben einer Schleife Neu,
Im Fluss der Zeit, Variation,
Windet sich die Ewigkeit davon.

Echo der Gefühle

Im Herzen hallt ein Echo wieder,
Gefühle schwingen leis' und zart.
Ein Seufzer fließt wie sanfte Lieder,
Trägt weit die Liebe, zart verklärt.

Das Echo zieht in stillen Räumen,
Erwacht die Sehnsucht, tief und rein.
Es webt aus alten, süßen Träumen,
Das Band, das niemals scheint zu sein.

Ein Echo in der Brust, es schwingt,
Durchdringt die Nacht, die still umfängt.
Im Herzensklang, der leise singt,
Ein Sehnen, das im Raum sich hängt.

Vermächtnis, das in Tönen liegt,
Gefühl, das stets im Echo spricht.
Es ist die Liebe, die besiegt,
und in der Stille zu uns bricht.

Rhythmus der Zuneigung

Im Rhythmus der Zuneigung tanzen,
Gefühle wogen, geben nach.
In Harmonie zusammen schwanzen,
Ein Takt, der bindet – Nacht für Nacht.

Die Herzen schlagen im Gleichklang,
Ein Pulsieren, Hand in Hand.
So führt die Liebe ohne Zwang,
Durch ein unsichtbares Band.

Ganz sanft, im Rhythmus, Schritt für Schritt,
Ein Flüstern nur, kein lautes Wort.
In Zuneigung, in Liebe mit,
Dem Partner an geheimem Ort.

So klingt die Nähe, zart und weich,
In Zuneigung, die niemals bricht.
Ein Rhythmus trägt uns himmelreich,
In ew'gem Tanz, im Liebeslicht.

Reim der Romantik

Im Reim der Romantik versunken,
Find' Worte, die das Herz berührt.
Wo Sterne hell am Himmel funkeln,
Die Liebe leise zu uns führt.

Im Versmaß der Gefühle spielen,
Mit Tintenstrich die Sehnsucht mal'n.
Lass uns in steten Reimen zielen,
Auf Liebesschwüre, zart und prahl'n.

Ein Kuss, gereimt in zarten Zeilen,
Verborgen unter Mondenschein.
Lass uns im Buch der Liebe eilen,
Gemeinsam und für immer sein.

Die Romantik flüstert Verse,
Wie Liebende sie leise sagen.
Im Reim, der Romantik, ohne Schmerze,
Die Herzen sich zu ewig tragen.

Geflüster der Hingabe

Ein Hauch von Stille, sanftes Säuseln,
Es flüstert leise, Seele spricht.
Die Hingabe kann man erlauschen,
In diesem zarten Dämmerlicht.

Gedanken, die wie Blätter fallen,
Im Wind sich dreh'n, im Reigen tanzen.
Es ist der Liebe leises Schallen,
Im Einklang mit den Herzensglanzen.

Die Stille birgt ein zart Geflüster,
Von Hingabe, die ewig hält.
Es webt sich wie ein seidner Lüster,
Durch Nächte, die der Mond erhellt.

So gibt die Seele sich dem Traume,
Im Flüstern tiefer Hingabe.
Gefangen in des Herzens Räume,
Wo Liebe ewiglich besteht.

Maximen des Miteinanders

Mit sanften Worten, starken Banden,
Gemeinsam durch das Leben wandern.
Die Hand gereicht, mit Herzen handeln,
So überdauern Freundschaftsstander.

Ein Lächeln, das wie Sonne wirkt,
Mit Güte, die des Hasses Schild zerbricht.
Ein jeder Mensch, der And're stärkt,
Gestaltet das Gesicht der Welt im Licht.

Respekt als Saat, aus Herzen sprießend,
Gedanken, die im Einklang fließen.
Ein Miteinander, stets genießend,
Wo Worte Brücken bauen, niemals schließen.

In Harmonie die Unterschiede ehren,
In Vielfalt wird das Leben reicher Schein.
Zum Bess'ren wir uns stets belehren,
Im Geben und Nehmen, Mensch zu sein.

Polyphone des Perspektivwechsels

Ein Blick durch andere Augen,
Ein Weg in fremden Schuhen.
Horizonte, die sich rauben,
Lassen neue Welten blühen.

Meinungen wie Melodien,
In Dissonanzen, Akkorden.
Verstehen, ohne zu fliehen,
Polyphon die vielen Orten.

Der Perspektivwechsel klingt,
In Tönen, leise, dann laut.
Ein jedes Herz, das anders singt,
Baut Brücken statt der Mauern, stur und graut.

So öffne dich und lausche still,
Dem Lied, das fremd und doch vertraut.
Erkenne, was der And're will,
Die Sicht, die auch auf deine Ansicht baut.

Weisen der Weisheit

Im Schweigen liegt verborg'ne Weisheit tief,
Man hört den leisen Ruf der Wahrheit kaum.
Das Herz, es kennt den klugen Lebenslauf,
Versteht, das Leben ist kein stetes Sieg.

Durch Alter und Erleben reich gesegnet,
Mit Einsicht, die nur Zeit zu weben mag.
Erkenntnis wächst mit jedem neuen Tag,
Ein Baum der Weisheit, stets gehegt und gepflegt.

Aus Fehlern lernt man, wächst zu neuem Sein,
Erst Misserfolg lässt wahres Wissen keimen.
Die Weisen wissen um das Große, das Klein,
Im Fluss des Lebens stetig vorwärts treimen.

Nicht Worte sind es, die den Kern uns lehren,
Im Tun, Erfahren wahre Weisheit mehren.

Fugen der Fürsorge

Ein Netz aus Händen, fein verwoben,
Die Sorge für den Andern tragen.
Wo Mitgefühl die Angst erhoben,
Da wird die Last gemeinsam zu ertragen.

Fürsorge webt das Tuch des Trostes,
Mit Fäden aus Empathie gesponnen.
Ein warmes Wort, ein sanftes Posten,
Hat schon so manchem Kummer überwunden.

Die Fugen füllend zwischen Herzen,
Mit Taten, die von Liebe zeugen.
Schmerz und Freude teilen, Scherzen,
Auf dass wir in Gemeinschaft reifen.

Die Fürsorge, in kleinen Gesten kundgetan,
Verbindet Seelen, still, ohne großen Plan.

Sprüche der Sehnsucht

Im Dämmerlicht der Hoffnung wacht,
Ein Sehnen, tief im Herzen sacht.
Die Sterne funkeln, weit und still,
Ein Traum, der seine Zeit erfüllt.

Gedanken fliegen, ziehen Kreise,
Auf der Suche, stille Reise.
Im Windeshauch, im Blättertanz,
Erfüllt von tiefer Sehnsucht Glanz.

Verlorene Bilder, sanft erwacht,
In der Seele stiller Nacht.
Ein Echo hallt im Herzensraum,
Die Sehnsucht spielt auf alter Laute Traum.

Die Zeit verrinnt im Sehnsuchtsspiel,
Verweht der Stunden zarter Kiel.
Der Mond, er küsst den Horizont,
Bis die Sonne neu im Morgen wohnt.

Abhandlungen der Anziehung

Ein Blick, ein Lächeln, leise Worte,
Und schon entsteht an fernen Orte.
Ein Band, so zart, so unerklärt,
Hat leis' die Seelen eingefärbt.

Die Schwerkraft, die uns sanft umfängt,
In ihren Bann die Herzen zwingt.
Mit jedem Lachen, jeder Geste,
Wird das stille Band zum Feste.

Anziehung, stärker als der Wind,
Die uns zusammenhält, geschwind.
Durch das All die Funken schweifen,
Und in der Ewigkeit uns reifen.

Blicke kreu'n sich, Hände halten,
Worte Brücken bauen, alten.
Durch die Anziehungskraft getragen,
Wir uns zu neuen Ufern wagen.

Gedanken des Gleichklangs

In Harmonie die Herzen schwingen,
Den gleichen Takt die Seelen singen.
Gedanken des Gleichklangs, fein gewoben,
In gleicher Tonart sanft erhoben.

Wie zwei Melodien in einer Symphonie,
Verbindet uns're Seelen die Magie.
In jedem Akkord, in jeder Zeile,
Findet der Gleichklang seine Weile.

Die Noten fließen, Hand in Hand,
Ein leises Lied entsteht, charmant.
Im Duo der Gefühle, ganz im Einklang,
Vereint im Rhythmus, ohne Zwang.

Gemeinsam tanzen wir im Reigen,
Lassen uns von der Musik geleiten.
Im Gleichklang der Empfindungen leben,
Unseren Träumen Flügel geben.

Sätze der Sinnlichkeit

Im Kerzenlicht, die Schatten tanzen,
Lass uns in der Sinnlichkeit ganz schwelgen,
Auf seid'ner Haut, die Blicke glanzen,
In tiefen Blicken sich die Seelen spiegeln.

Die Lippen flüstern, leise Worte wehen,
Berührungen, die unter die Haut gehen.
Geführt von Zärtlichkeit und sanften Trieben,
Die Sätze der Sinnlichkeit, sie blühen.

Geschmeidig wie der Wellen Schlag,
Erwacht die Nacht, verhüllt den Tag.
Die Sinne, die sich zart berühren,
Uns in der Euphorie verführen.

Zwischen Seide und dem sanften Schein,
Sollen unsere Herzen sich verlieren.
In sinnlich süßer Melodie,
Ein Liebesspiel beginnt, pour vous et moi.

Reflektionen des Respekts

Im Spiegel sehe ich die Spur,
Die Achtung tief in unsrer Natur.
Ein stiller Gruß, ein sanftes Wort,
Im Herzen trägt es sich fort.

Die Handlung zeigt, was Worte nicht können,
Lässt uns den wahren Respekt erkennen.
Ein Akt der Güte, zart und fein,
So soll das Miteinander sein.

Respekt ist mehr als leere Phrase,
Erweckt Vertrauen ohne Blase.
Er baut die Brücke, Stein für Stein,
Zum Herzen hin, lässt Huldigung ein.

In jedem Blick, in jeder Geste,
Erblickt man des Respekts Feste.
Er hallt in unser aller Sein,
Ein Echo, edel und rein.

Idylle der Innigkeit

Zwei Herzen, die im Gleichklang schlagen,
Geborgenheit, kein einzig Klagen.
Eingehüllt in weichem Schein,
So kann wahre Innigkeit sein.

Im Blick das tiefe Seelenmeer,
Innigkeit wächst mehr und mehr.
Ein Lächeln, still und doch so laut,
Hat Vertrautheit fein erbaut.

Hände halten, fest und warm,
Schutz vor Kälte, vor jedem Harm.
Ein Versprechen, leise gegeben,
Idyll für ein ganzes Leben.

Ein Ort, wo Liebe niemals endet,
Wo man sich nur das Gute gönnt.
Im Einklang mit des anderen Sein,
Idylle der Innigkeit, rein und fein.

Geflügelte Gedichte

Gedanken, die wie Vögel fliegen,
Kein Käfig, der sie kann besiegen.
Hoch über Wolken, frei und zart,
Geflügelte Gedichte, eine eigene Art.

Sie tanzen in der Lüfte Reich,
Erzählen Geschichten, wundergleich.
Flügel schlagen im Takt der Zeit,
Tragen die Worte weit und breit.

Im Sonnenglanz und Sternenlicht,
Findet ein federleichtes Gedicht.
Den Weg in Herzen, sanft entführt,
Hat es die Freiheit berührt.

Gedichte schweben, ohne Gewicht,
Zeugen der Imagination, ein Gedankenlicht.
Im Wind verweht, zum Himmel empor,
Geflügelte Verse, öffnen das Tor.

Sequenzen der Sinnfindung

Im Labyrinth der vielen Fragen,
Versucht man Sinn und Zweck zu jagen.
Durch Gänge, die im Dunkeln winden,
Kann man doch die Klärung finden.

Man sucht und forscht nach dem Warum,
Im Leben klingt es oft so stumm.
Doch gibt es Augenblicke klar,
Die Sinn uns zeigen, offenbar.

Es sind die Momente still und klein,
Wo wir uns des Lebens freu'n.
Ein Lächeln, eine warme Hand,
Gibt Sinn, den man vorher nie erkannt.

So fügen sich die Sequenzen ein,
Im Puzzle, das wir Leben nenn' und meinen.
Sinnfindung in der Zeit vertieft,
Ein Muster, das sanft ins Dasein schleicht.

Melodien der Seele

In stillen Nächten tief und klar,
Ein Seufzer windet sich, gar rar,
Die Seele singt in ew'gen Tönen,
Von Träumen, die in Sternen lohnen.

Gedanken wie ein sanfter Fluss,
Sie spielen leise, ohne Schluss,
Im Herzen klingen zarte Weisen,
In Melodien sich endlos kreisen.

Wie Blätter, die im Winde wehn,
Will auch die Seel' im Lied vergehn,
Gefühle, die im Reigen tanzen,
Im Einklang mit dem Leben glanzen.

Verborg'ne Lieder, tief im Sinn,
Befreien Geist, der gefangen hin,
Ein Echo, das im Selbst erklingt,
Der Seele Chor, der Frieden bringt.

Im Klang der Liebe

Im Klang der Liebe, zart und rein,
Zwei Herzen sich im Einklang freu'n,
Sie schweben auf des Glückes Welle,
Im Harmonie'schen, süßen Felle.

Die Töne sanft wie Seide weich,
Sie streicheln leis', erreichen sogleich,
Die tiefen Räume stiller Sehnen,
Wo Liebe wächst in ew'gen Tränen.

Es singt der Mond ein Liebeslied,
Das durch die Nacht zum Herzen zieht,
In Liebe sich die Zeit verliert,
Und in der Ewigkeit berührt.

Im Klang der Liebe, ewiglich,
Ein Versprechen, unverbrüchlich,
Da schlagen Herzen im Gleichklang,
Und Liebe bleibt, ein Leben lang.

Gesänge des Innersten

Tief in der Seele, verborgen, klar,
Singt eine Stimme, ganz wunderbar,
Ein Lied vom Innersten der Träume,
Ein Leuchten, das durch Nachtesschäume.

Es tönt in mir, ein zarter Klang,
Der mich begleitet lebenslang,
Ein Gesang, der stille Hoffnung lehrt,
Und mich in Weisheit sanft bekehrt.

Das Herz, es trägt den tiefen Chor,
Von Gefühlen, die uns gehören vor,
Die Stimme schwingt im Einklang mit,
Dem Universum – stummen Gebet.

Das Innerste spricht, in Versen klar,
Durch das Dunkel, ein helles Paar,
In Gesängen, die zum Himmel schreiten,
Wird die Seele zur Freiheit geleiten.

Flüstern der Leidenschaft

Im Dämmerlicht, so leise, sacht,
Ein Flüstern trägt die Nacht,
Es ist die Leidenschaft, die spricht,
Ein Feuerwerk der Sinne schlicht.

Die Blicke tief, die Berührung zart,
Ein atemloser Moment, so apart,
Die Lippen treffen, weich und kühn,
Es regt sich Sehnsucht tief darin.

Die Leidenschaft, in Flammenkleid,
Sie tanzt im Rhythmus der Zweisamkeit,
Bewegt die Seelen, inniglich,
Die Nacht durchzitternd, ewiglich.

In jedem Hauch, im Herzen laut,
Das Flüstern, das Verlangen braut,
In jeder Regung, zärtlich echt,
Die Leidenschaft – das Herz entfacht.

Bilder der Bewegung

Lebendige Farben in der Luft,
Hin und her, sie ziehen ihre Bahn.
Im Tanz der Formen, Energie geduft,
Ein flüchtiger Moment, der nicht bestehen kann.

Raschelnde Blätter im Windes Spiel,
Sie flattern, wirbeln, steigen und fallen.
Alles in Bewegung, Teil des großen Ziels,
Natur choreographiert, lässt uns staunen, uns lallen.

Flüsse strömen, formen die Erde neu,
Berge erzählen Geschichten von Macht.
Im stetigen Wandel wird Altes zu neu,
Die Welt in Bewegung, voll Pracht und voller Pracht.

Pulsierende Städte, lebendiges Treiben,
Jeder Schritt trägt zu dem Bilde bei.
Dynamik der Leben, die niemals verleiben,
Die Bilder der Bewegung, ewig und frei.

Fragmente der Freude

Ein Lächeln entfacht, im Herzen so warm,
Freude blüht auf, in jedem kleinen Arm.
Strahlendes Glück, in Augen so rein,
Jeder Moment, ein freudig' Fragment, so klein.

Kinderlachen, klingt hell durch die Luft,
Unbeschwertes Spiel, voll Energie und in Zunft.
Glänzende Augen, funkeln so sehr,
Freude in Splittern, möchte immer noch mehr.

Gesang der Vögel am frühen Morgen,
Erhebt die Herzen, vertreibt alle Sorgen.
In der Musik, Freude findet ihren Klang,
Fragmente vereint, im harmonischen Gesang.

Siegreiche Momente, in jubelnder Menge,
Das Glück geteilt, eine freudige Schwenge.
Das Leben malt Freude in farbigen Banden,
In Fragmenten der Freude, zusammengefunden.

Choräle der Charme

In sanften Weisen, Charme erströmt,
Ein Lied so süß, das Herz erträumt.
In Wort und Geste, Anmut lebt,
Die Choräle singen, was allen schwebt.

Melodeien, sanft und zart,
Berühren die Sinnen, nehmen fahrt.
Charmantes Wirken, in jeder Zeile,
Ein Choral, der bindet, ganz ohne Eile.

Ein Lächeln, zart auf Lippen gemalt,
Harmonien, die durch die Lüfte strahlt.
Im Einklang schwingt der Charme fort,
In Choräle gefasst, ist's Zauberwort.

Anmutige Geste, eine Verbeugung tief,
Der Choral der Charme, der Herzen rief.
Bezaubernder Klang, durch die Zeiten schwebt,
Im Chor der Eleganz, der Charme lebt.

Märchen der Melancholie

Dunkel die Schatten, sie ziehn vorbei,
Leise die Stimme, die seufzt so sacht.
Im Märchen der Schwermut, so mancherlei,
Die Melancholie, sie hält die Wacht.

Blasser Mond, am Himmel so kalt,
Silbernes Licht, das sanft erzählt.
Von Helden mutig und Gestalten alt,
Im Reich der Melancholie, wo Liebe fehlt.

Leise wehen Träume dahin,
Wie Blumen welken, in tiefer Nacht.
Geschichten von Verlust, im flüstern' Wind,
Melancholische Märchen, in Gedanken sacht.

Doch selbst im Dunkel, ein Funken Glanz,
Hoffnungsschimmer, der leise weckt.
In der Melancholie, gibt's auch einen Tanz,
Von jenem Märchen, das Glück entdeckt.

Erzählungen des Erwachens

Im ersten Licht des Morgengrauens,
Sanft bricht der Tag nun an.
Träume fliehn, die Schatten tauen,
Ein neuer Zyklus begann.

Erwachen streift durch stille Zimmer,
Erinnerung noch fern.
Die Welt erwacht in zarten Schimmern,
Der Morgenstern steht gern.

Das Leben regt sich, streckt die Glieder,
Erwachend, voller Kraft.
Der Morgenwind singt seine Lieder,
Neu wird der Tag erschafft.

Vom Schlummer zu des Tages Schwelle,
Die Sonne kündet Pflicht.
Nun findet jeder seine Helle,
Im Erwachen liegt ein Licht.

Impressionen der Intimität

In Augenblicken leis und zart,
Wo Worte sanft und selten sind.
Da spricht die See in jedem Herz,
Die Liebe, die uns innig bindt.

Berührung, kaum ein Hauch, ein Schweben,
Vertraute Nähe ohne Scheu.
In unseren Seelen tiefes Beben,
Ein stilles Band, als wär's nur zwei.

Geflüster, das im Raume schwingt,
In stiller Luft, die Wärme trägt.
Das Lächeln, das Verstehen bringt,
Wo jede Maske fällt und zagt.

Geheimnisvoll, die Stunden dicht,
Versunken in des Ander'n Traum.
Im Antlitz strahlt ein stilles Licht,
Wie Sprache, die entsteht im Raum.

Gespinste der Gebete

Geflüster zu den Sternen steigt,
In Himmelsnacht, wo Stille weilt.
Ein fernes Lied der Seele zeigt,
Wie tief das Herz in Andacht teilt.

Gebete weben zarte Bänder,
Verbinden uns mit dem, was war.
Im Dämmerlicht, in warmen Händen,
Wird das Verlorene wunderbar.

Ein Wunsch, der still die Lippen formt,
Hinaus ins Universum drängt.
Ein Hoffnungsschimmer, der erwärmt,
Wenn sich der Geist in Demut senkt.

Des Lebens Last wird leicht und licht,
In Worten, die das Dunkel meistern.
Die Seele spricht in ihrem Gedicht,
Und lässt uns in die Ewigkeit geistern.

Partituren des Vertrauens

Noten, die auf Linien wandern,
Harmonien im Raum sich finden.
Ein Lied erwächst aus stillen Banden,
Vertrauen, das uns wird verbinden.

Das Herz gibt Takt der Zuversicht,
Zusammenklang in reinen Chören.
Wenn das Gefühl im Innern spricht,
Und Seelen sich im Einklang hören.

Leise, die Melodie des Glaubens,
Trägt uns durch des Lebens Zeiten.
Ein Fundament, auf das wir bauen,
Das wird auch Stürme stets begleiten.

Notenschlüssel, offenbart,
In jeder Brust, die sich vertrauet.
Ein Akkord, der Zweisamkeit bewahrt,
Die Partitur, die Liebende erneuet.

Manifeste der Momente

Tanzende Sekunden, flüchtig wie der Wind,
Stillstehende Ewigkeiten in einem Augenblick gebinnt.
Gewebe Zeit, so dicht und doch zerbrechlich fein,
manifestiert im Herzschlag, verloren und allein.

Samtene Schatten, die die Stunden bemalen,
Lichtfäden, die sich in der Dämmerung strahlen.
Ein Flüstern der Zukunft, so nah und doch so weit,
in den Manifesten der Momente, liegt die Unendlichkeit.

Jeder Tropfen in der Zeit, ein Ruf zu bestehen,
fliehende Erinnerungen, die im Licht vergehen.
Das Jetzt und Hier in seiner stolzen Pracht,
unsere Momente, in der Ewigkeit erwacht.

Quintessenzen der Quidität

Quintessenzen schweben, stille Pfade durchquerend,
von der Essenz des Seins, leise den Kern berührend.
Unsichtbare Fäden, verwebt in des Lebens Quantität,
entfalten die Quidität, im Raum und in der Zeit.

In Tröpfen der Wahrheit, der Unendlichkeit Kern,
liegt verborgen das Ewige, das Starre und Fern.
Ein Fluss, der stetig seine Wege bahnt,
Quintessenzen der Quidität, vom Licht ummant.

Ein Pulsieren im Stillstand, das Wesentliche verklärt,
durch das Auge des Geistes, wird das Tiefe geehrt.
Die Quintessenz des Daseins, in jedem Atemzug,
ergreift die Einfachheit, in ihrem sanften Flug.

Gedichte der Geborgenheit

In sanften Versen, Geborgenheit gewebt,
ein Mantel aus Zuneigung, der ewig lebt.
Gedichte, die wie Heimkehr im Herzen klingen,
Worte, die als Schutzengel ihre Flügel schwingen.

Ein Gefühl wie Feuer, wärmend in der Brust,
ein sicherer Hafen in Lebens Sturm und Lust.
In Zeilen der Geborgenheit, Süße entfaltet,
wie zarte Blütenblätter, die sich sanft gestaltet.

Poetische Umarmungen in der Seelen Nacht,
ist es der Dichtung Zauberkraft, die Hoffnung entfacht.
Geborgen in den Versen, ein stilles Verweilen,
als wären sie die Sterne, die im Dunkeln eilen.

Im Reigen der Wörter, ein wohliges Nest,
in der Poesie gewiegt, fühlt sich das Herz best.
Gedichte der Geborgenheit, voll Liebe und Licht,
wiegen die Seele, bis der Schmerz zerbricht.

Präludien der Präsenz

Im sanften Vorhang des Daseins offenbart,
Präludien der Präsenz, die Stille in sich bewahrt.
Sie erzählen von Anwesenheit, nicht laut, doch klar,
ein Gefühl des Gewahrseins, stets da, immerdar.

Wie ein Atemzug, der die Leere erfüllt,
ein zartes Sein, das die Leere stillt.
Im Hier und Jetzt ruhend, ganz bei sich,
Präludien der Präsenz, ein inniges Ich.

Ein Flüstern des Lebens im Raum der Zeit,
ein sanftes Beginnen, zu Gegenwart bereit.
Im Werden und Sein, in Stille gehüllt,
hat Präsenz die Leere zärtlich erfüllt.

Bedeutsame Stille in jedem Moment,
Präludien spielen, leise und vehement.
Sie rufen uns zu, in diesem Augenblick,
Präsenz, das ewige, flüchtige Glück.

Mosaiken des Moments

In Splitter bricht der Tag hinein,
Geflecht von Licht, ein bunter Schein.
Momentmosaike, so flüchtig und klein,
Ein Puzzle des Lebens, ein Sein im Sein.

Durch kaleidoskopische Welten wir gehen,
Wo Sekunden wie Diamanten stehen.
Jeder Moment, einzigartig verzerrt,
Ein zeitloses Bild, das Herz begehrt.

Leise tickt die Uhr der Zeit,
Mosaiksteine reihen sich, unentwegt, gescheit.
Facettenreich das Leben fließt,
In den Mosaiken des Moments es genießt.

Bald schwinden sie, vergehen schnell,
Doch im Herzen bleibt ihr Nachhall hell.
Jeder Splitter spiegelt das Leben wider,
Momente, bunt und immer wieder.

Allegorien der Anwesenheit

Stille Gegenwart in Räumen der Zeit,
Wie Schatten folgen sie, leise, gescheit.
Allegorien, die das Hiersein weben,
Geflüsterter Atem, kaum zu heben.

Im Jetzt gefangen, ein ewiger Tanz,
Jeder Schritt, voll Hingabe, kein Zufall, kein Glanz.
Präsenz ist das Bild, das Leben malt,
Eine Anwesenheit, die sanft verstrahlt.

Einfach da sein, in Echtzeit verweilen,
Gegenwärtigkeit lässt die Seele eilen.
In jedem Atemzug, in jedem Blick,
Liegt eine Allegorie der Anwesenheit, Stück für Stück.

So erzählen diese Bilder ohne Wort,
Und tragen uns, still, von Ort zu Ort.
Wenn die Zeit verrinnt, bleiben sie bestehen,
Allegorien der Anwesenheit, nie vergehen.

Breviere der Besinnung

Im Morgenlicht die Gedanken klar,
Ein stiller See, der Horizont so rar.
Breviere der Besinnung, zarte Glut,
Flüstern der Ewigkeit, tut so gut.

Da regt sich in der Tiefe Sinn,
Ein Innehalten, fängt sanft an zu spinn'.
Gedankenschimmer auf Wellen tragen,
Breviere der Ruhe, im Herzen wagen.

Seele auf Reisen, im Geist so weit,
Findet in Versen der Stille Geleit.
Breviere sprechen leise das Wort,
Das uns geleitet an jenen Ort.

So segeln wir in Gedanken fort,
Im Buch des Lebens, an jeden Ort.
Die Breviere der Besinnung, kraftvoll zart,
Begleiten uns stetig, nehmen Wacht.

Schnörkel der Schätze

In alten Büchern, Seiten schwer,
Liegen Schnörkel der Schätze, so viel mehr.
Verse, gewunden in Gold und Gestein,
Verborgene Wunder, im Halbdunkel schein'.

Wie Ranken winden sie sich empor,
Erfassen die Zeit, ein kostbarer Chor.
Jeder Buchstabe, gefangen in Zeit,
Ein Schnörkel, der Schätze Unendlichkeit.

Gedanken, die sich in Muster verweben,
Uns in Geschichten, in Träume heben.
Verschlungene Pfade in Tinte getaucht,
Durch Schnörkel der Schätze, die Seele geraucht.

Kunstvolle Linien, im Dämmer entzückt,
Wie Relikte längst vergessener Geschickt.
Versteckt im Gewirr von Zeit und Raum,
Sind Schnörkel der Schätze, ein stiller Traum.

Manuskripte des Mutes

In alter Zeit, von Heldenmut besungen,
So klingen sie, die fernen Urgesänge,
Belegt mit Staub, doch leuchtend in Erinnerung,
Erzählen sie von Mut in Lebensgänge.

Fest in der Hand, das Manuskript des Wagens,
Mit Tinte des Mutes herzhaft beschrieben,
Zerschneidet es des Zweifels dunkle Plagen,
Führt uns auf Pfade, hell und ungetrübt.

Die Zeilen stark, wie Burgen aus Gedanken,
Behütet es die Herzen, die da wanken,
Die Feder fuhr, durch Sturm und Drang getrieben,
Und jedes Wort heischt nach dem ungezähmten Leben.

Ein Banner hoch in stürmisch grauen Zeiten,
Ein Manifest, durch Stille zu schreiten,
Geschichte webt den Mut in unser Sein,
So lebt das Manuskript und wir sind nie allein.

Kompositionen der Klarheit

Aus reiner Quell, die Klarheit fließt und schwingt,
Harmonien, die sanft die Welt durchdringen,
Die Noten, die in stiller Ordnung sing'n,
Und Licht in dunkle Gedanken bringen.

Die Töne in ihrer Einfachheit so rein,
Jeder Akkord ein Bote der Wahrheit,
Sie lösen auf des Zweifels finster'n Schein,
Bringen Erleuchtung und sachte Klarheit.

Kompositionen, wie Kristall so klar,
Jede Melodie trägt Weisheit gar,
Durch Nebel schneiden sie, ganz unverwandt,
Schenken uns Trost, halten die Verzweiflung abgemahnt.

Voller Einklang, der Herzen Raum durchzieht,
Wo Klarheit wohnt, kein Dunkel mehr geschieht,
Musik erwacht, die Seele zu befreien,
Die Kompositionen werden stets uns leiten.

Parabeln der Pfade

Geschichten, die wie Wege sich verzweigen,
In ihrer Mitte tiefes Wissen tragen,
Parabeln, welche Richtung uns aufzeigen,
Leisen Fußes durch das Leben jagen.

Es winds sich der Pfad durch Wälder, Zeit und Traum,
Erleuchtet uns in der Entscheidungen Nacht,
In jeder Wendung liegt verborgen ein Raum,
Voller Weisheit, die leise nur erwacht.

So folgen wir den Schritten jener Mär,
Die lehren wie zu wählen, hart und fair,
Gefahren, Glück, jedes Ende wert,
Denn auf Pfade der Parabeln wird man belehrt.

Am Horizont, wo Wege sich verbinden,
Erkennen wir, was einst war zu ergründen,
Parabeln formen unsrer Schicksals Lauf,
Auf Pfade der Weisheit nimmt das Leben seinen Kauf.

Arien der Anmut

Leise flüstert der Wind Arien der Anmut,
Wellen gleiten sanft durch Zeit und Raum,
Melodien, in den Lüften kaum vermut,
Umhüllen die Seele wie ein zarter Traum.

Fließende Eleganz in jeder Note,
In Schönheit gewoben, frei von Hast,
Jede Strophe trägt lieblich zarte Bote,
Gar eine Symphonie, die Herzen fasst.

In der Stille, die zwischen Tönen lebt,
Erwacht die Anmut die sich stets erhebt,
Choräle künden von des Lebens Glanz,
Im Sternentanz der Arien findet Seelen Balance.

Grazie in Schall verwoben, zart entfacht,
Sie fächern durch die Nacht mit zarter Macht,
Besänftigen den Sturm in uns getragen,
Die Arien der Anmut, die niemals versagen.

Kantaten der Kraft

In des Morgens frischer Stunde,
Reckt die Kraft sich, wächst zum Bunde,
Schwungvoll steigend, nie ermattend,
Ein Titan, der Himmel spannend.

Stark wie Eichen, fest verwurzelt,
Stehen wir, von Mut umschnürt,
Trotzen Stürmen, unverzagt,
Tragen Lasten, unverzagert.

In uns fließt ein wilder Strom,
Durch Adern, pulsierend stark,
Er wärmt und treibt, gibt Lebenssaft,
Ein ewig lodern Feuermarke.

Die Kraft, die in der Stille ruht,
Erwacht in uns zu vollem Glanz,
Sie schmiedet Willen, stählt den Mut,
In uns'rer Hände Werk und Tanz.

Metaphern der Menschlichkeit

Wir sind Blätter im Wind der Welt,
Von sanften Brisen fortgetragen,
In Harmonie, in Liebe gehüllt,
Erzählen wir des Lebens Sagen.

Hände, die sanft die Zeit durchweben,
In jeder Geste Menschlichkeit,
Ein Mosaik aus warmen Seelen,
Im Geist vereint, in Herzen weit.

Augen, die in Sternennächten,
Geschichten flüstern, leise, sacht,
Die Menschlichkeit in Blicken weben,
Voller Hoffnung, durch die Nacht.

Ein Lächeln, das die Kälte bricht,
Ein Wort, das wie ein Leuchtturm scheint,
Metaphern, die im Herzen dichten,
Und die Menschennatur vereint.

Elegien der Einsamkeit

Leise flüstert Stille Todeslied,
Im Dunkeln der verloren'nen Seelen,
Einsamkeit, die wie ein Mantel fällt,
Über Gedanken, die sich quälen.

Vergessene Pfade, bedeckt mit Laub,
Wo Schritte hallen, tief und schwer,
Die Zeit zerronnen wie der Staub,
Die Einsamkeit wiegt umso mehr.

Das Echo eines fernen Lachens,
Erreicht das Herz so kalt und leer,
Gefangen in den eignen Wachen,
Sehnt sich der Geist nach Nähe sehr.

Nur in der tiefsten Einsamkeit,
Entdeckt man sich, ganz unverhohlen,
Es keimt in stiller Dunkelheit,
Was unsre Träume einst gewollten.

Strophen der Stille

In den Weiten der Stille, unendlich und klar,
Findet die Seele ihr sehnendes Harren,
Unter dem Schweigen der kosmischen Schar,
Hört man das Flüstern der nächtlichen Farben.

Die Stille spricht in geheimen Versen,
Schenkt uns Ruhe in der Hektik des Tages,
Ein sanftes Wiegen im Universen,
Harmonisch schwingend, in zeitlosen Sagen.

Eine Oase der Ruh, im Lärm der Welt,
Wo Gedanken sich sammeln, frei und ungestört,
Der Geist, der in die Tiefe fällt,
Wird von der Stille sanft betört.

Strophen der Stille, in jedem Atemzug,
Ein Rückzugsort, wo Zeit verrinnt,
Hier finden wir unser inneres Glück zurück,
Wo Frieden im Einklang mit dem Wind beginnt.

Oktaven des Oceans

Wellen singen in tiefem Ton,
An des Meeres weitem Saum,
Jeder Tropfen wie ein Phon,
In des Oceans Traum.

Tief unter dem blauen Glanz,
Verborgene Schätze schwer,
Der Delphine silberner Tanz,
Meereswesen kreuzen quer.

Salziger Wind und Freiheit weit,
Das Rauschen ewiger Flut,
In der Tiefe, wo die Zeit,
Verliert ihren hastigen Schritt.

Ozean, du weites Feld,
In dir ruht stille Macht,
Deine Oktaven sind die Welt,
Dein Lied durchdringt die Nacht.

Ballast der Begleitung

Neben Schritten, leise, sacht,
Ein Freund, der mit mir wandert,
Durch dunkle Nächte, sternenklare Pracht,
Ist es die Nähe, die mich handelt.

Bei jedem Sturz, da bist du da,
Ein Anker, sicher, stark,
Du bist der Ballast, wahrhaft und klar,
In jedem Lebensschiff mein eigener Mark.

Geteiltes Lachen, geteiltes Leid,
Gemeinsam Tränen, Hoffnung, Mut,
Du gibst der Einsamkeit kein Kleid,
Bist bei mir und es wird gut.

So treiben wir durch Zeit und Raum,
Ein Duo im Lebensfluss,
Dein Beistand ist mein sicherer Raum,
Dein Herzschlag mein Zuhaus.

Kaskaden des Klangs

Jede Note ein Wasserfall,
Im Konzert der Elemente,
Klingt durch die Luft, trifft überall,
Musik in reinen Momenten.

Der Pianist, Finger fliegen sanft,
Berühren Tasten so leicht,
Erwecken Klang, der Himmel schafft,
In die Seele tief er reicht.

Und die Geigen, sie singen klar,
Ziehen Bögen stolz und weit,
Jeder Strich eine Welle gar,
Im Meer der Melodien bereit.

Die Kaskaden des Klangs fließ'n fort
Durch das Herz, das innig lauscht,
Ein Orchester am magischen Ort,
Wo die Zeit sich verpauscht.

Sonaten der Stärke

In stillen Stunden, stark der Klang,
Der Sonate machtvoller Gesang,
Sie baut die Brücken, Stein um Stein,
Verbindet Schicksal, Schmerz und Sein.

Jeder Akkord, fest und klar,
Erzählt von Kämpfen, die einmal war'n,
Von Heldenmut in dunklen Zeiten,
Ein Leuchten in den schwersten Streiten.

Melodien fließen wie ein Strom,
Von einer Quelle, ewig, fromm,
Sie nähren Herz und stärken Willen,
Ermuntern sanft, die Ziele zu erfüllen.

So spielt die Sonate ihre Kraft,
Die Hoffnung in uns neu entfacht,
Ihre Töne, fest umarmt,
Haben oft das Leben warm.

Verse der Verwandlung

Im Herzen der Stille birgt sich ein Keim,
Ein Funke des Wandels, verborgen und fein,
Er streckt sich und wächst mit der Zeit so still,
Bis Verwandlung das Dasein durchdringen will.

Von der Raupe zum Schmetterling, leise und sacht,
Vollzieht sich die Magie über Tag und über Nacht,
Jeder Moment eine Stufe zum neuen Ich,
In jedem Atemzug zeigt sich das ewige Licht.

Mit Farben, die wechseln im tanzenden Schein,
Wird das Alte verlassen, das Neue lädt ein,
Ein Zyklus des Lebens, so endlos und groß,
Verwandlung singt laut, wo einst Stille bloß.

Die Blätter, sie fallen, der Wind trägt sie fort,
Aus Enden erwachsen Anfänge am anderen Ort,
In jedem Ende liegt ein Anfang bereit,
Und Verwandlung ist stets nur der Lauf der Zeit.

Poesie des Pulsschlags

Im Takt des Lebens, er pocht so stet,
Ein Rhythmus, der leise die Zeit umwett,
Ein Pulsschlag, der treibt, so kraftvoll und rein,
Trägt die Melodien des Seins hinein.

Im Flüstern der Adern, das Fließen des Bluts,
Erzählt von Geheimnissen, von Mut und von Flucht,
Jeder Schlag eine Note im Lied des Daseins,
Poesie, die lebt, in der Stille, im Kreins.

Mit jedem Herzschlag, ein Gedicht entsteht,
Von Freude gesungen, von Schmerz umweht,
So misst unser Herz den Takt des Seins,
Bis Stille kehrt ein, endet der Reim.

Das Leben es tanzt in den Adern, so wild,
Das Schicksal hat seine Verse gefüllt,
Der Puls, er verlangsamt, das Lied wird leis',
Bis es schwingt im Einklang mit der Ewigkeit.

Lyrik der Lust

Im Flüstern der Laken, im Seufzen der Nacht,
Wo Leidenschaft und Verlangen erwacht,
Da schreiben die Körper, im Einklang so licht,
Eine Lyrik der Lust, im Liebesgedicht.

Die Berührung zart, ein prickelndes Spiel,
Jedes Streicheln schafft Verse, so viel und so vielfältig,
Wie Wellen, die brechen am sanften Gestade,
So reimen die Sehnsüchte in nächtlicher Grade.

Haut an Haut, Vers an Vers, in umarmender Glut,
Wo das Begehren schreibt, fühlt es sich gut,
Das Stöhnen, ein Reim, der in Ekstase mündet,
Wo die Lyrik der Lust sich grenzenlos kündet.

In den Augen der Liebenden funkelt ein Licht,
Das in dunkle Ecken der Seele spricht,
Jeder Atemzug trägt die Worte so süß,
In die Unendlichkeit schwingt des Verlangens Gruß.

Dichtung der Dunkelheit

Im Schattenreich der stummen Nacht,
Wo Stille flüstert, sacht und bedacht,
Erhebt sich die Dichtung aus dunkler Macht,
Erzählt von Geheimnissen, schwarz wie die Schacht.

Die Dunkelheit, sie webt ihre Verse so dicht,
Zwischen Sternen, die funkeln, im Mondeslicht,
Wo Ängste sich regen, und Träume entstehn,
In der Schwärze der Nächte kann man sie sehn.

Ein Flüstern, ein Raunen im nächtlichen Flor,
Die Dichtung der Dunkelheit öffnet das Tor,
Zu Welten verborgen, zu Seelen so klar,
Wo das Dunkle regiert, wird das Unsichtbare wahr.

Durch Finsternis streift das gesprochene Wort,
Ein lichtloser Pfad, der uns führt fort,
Zu Erkenntnissen tief, die im Verborgenen ruh'n,
Wo die Verse der Nacht ihre Ruhestand tun.

Rhapsodien des Rausches

Im Wirbel des Lebens, trunken und frei,
Die Seele erhebt, so sorglos und leicht,
Tanz der Gefühle, in Ekstase wir schrei'n,
Von süßem Nektar der Götter erreicht.

Im Rhythmus der Rhapsodie, wild wie das Meer,
Verschwimmen die Grenzen, so fließend und weit,
Die Nacht uns umfängt, in ihrem Schoß schwer,
Ein Rausch ohne Ende, bis Morgens Zeit.

Stimmen verschmelzen zu harmonischer Pracht,
Harfenspiel klingt, durchdringt die Nacht,
Versunken in Träume, vom Wind getragen,
Im Rausch der Stille, Herzen schlagen.

Leben pulsiert, in tiefem Rot,
Jeder Moment ein zügelloses Gebot,
In schillernden Farben, das Dasein sich dreht,
Bis der letzte Stern am Firmament verweht.

Sonette der Sanftheit

Ein sanfter Hauch, ein zarter Kuss,
Berührt die Welt in stiller Huld,
Die Blüten wiegen im Windesgruß,
Und Zeit verrinnt in Geduld.

Leise Worte, gewebt aus Licht,
Umgarnen Seelen, so schüchtern scheu,
Ein Blick, der in die Tiefe spricht,
Verrät des Herzens stille Reu'.

Federleicht, so ruht die Nacht,
Schleiert Mond in samten Blau,
Was einst in Stürmen ward entfacht,
Nun von Sanftheit wie im Tau.

Flüsse fließen sacht dahin,
Tragen Träume, weit, so weit,
In dem Sonett der Stille, darin
Versinkt die Welt in Zärtlichkeit.

Oden der Ohnmacht

Ohnmächtiges Flüstern in dunkler Nacht,
Echos verhallen, stumm ist die Pracht,
Sterne verdeckt, kein Licht das wacht,
In der Tiefe der Schwärze, gebrochene Macht.

Gefangen im Netz der eigenen Angst,
Hilferufe verwehen, im Beben verlangs't,
Die Kette der Zweifel sich enger spannt,
In Ketten gelegt der eigenen Hand.

Schreie nach Erlösung, verzweifelt und klar,
Wände aus Schweigen, unüberwindbar,
Fesseln des Zauderns, so bitter und wahr,
Das Herz in der Ohnmacht, ferner Schar.

Unsichtbare Lasten, die keiner sieht,
In Oden gemalt, wo Hoffnung flieht,
Als stummer Zeuge, der niemals lügt,
Die Ohnmacht, die in der Stille siegt.

Refrains der Regung

Jeder Schritt, ein leiser Takt,
Die Melodie des Lebens erwacht,
Im Refrain der Regung, einander umfasst,
Tanzen Seelen, von Nacht umschatt.

In der Encore des Augenblicks gefangen,
Vergessen die Zeit, im Einklang bangen,
Die Herzen schlagen in gleichen Schlägen,
Von Gefühlen still bewegen.

Geflüster der Liebe, im Verborgenen leis',
Ein Rhythmus der Nähe, zart und heiß,
Die Refrains der Regung, ungestüm und bereit,
Versprechen Wunder in der Einsamkeit.

Verschlungene Wege, die sich sanft kreuzen,
Im Gleichklang der Sehnsucht, Süße sie feuchten,
Jeder Vers eine Brücke, die Welten bewegt,
Wo Refrains der Regung, das Leben erregt.

Prophetien der Prägnanz

Im Nebel der Zeit, die Weisheit spricht leise,
Durch Schleier der Zukunft, in prägnanter Weise.
Ein Flüstern von Morgen, das Schicksal benannt,
Sie weben das Muster, in das Schicksal gebannt.

Prophetien schimmern im Mondschein so klar,
In Sternen geschrieben, dem Auge zwar rar.
Doch wer da versteht der Sterne Gesang,
Ergründet das Werden mit sicherem Klang.

Die Träume der Nacht, in Dämmerung tauchen,
Ihre Botschaften sacht, in die Seelen sie hauchen.
So manche Vision wird oft erst erkannt,
Wenn der Vorhang fällt und Wahrheit entbrannt.

Die Zukunft ein Fluss, in den Fels der Zeit gemeißelt,
Durch Taten wir lenken, wo unser Pfad sich kreißelt.
Die Prophezeiungen zeichnen den Lauf,
Doch jeder Schritt birgt einen neuen Verlauf.

Zaubersprüche des Zauberhaften

In des Abends sanftem Schein,
Flüstern Blätter Zauberein,
Zarte Worte, alt und mächtig,
Wirken still und dennoch prächtig.

Kreise drehen, Leuchten schwebt,
Magie, die in der Stille lebt.
Rascheln in der dunklen Nacht,
Zaubersprüche sacht entfacht.

Worte wie aus Seide gewebt,
Die das Herz im Kern erlebt.
Führe mich durch Zauberland,
Halte fest die Geisterhand.

Silberlicht auf alter Burg,
Webt umher seinen Zauberzirkl'g.
Spruch entsteigt der Zeiten Fluss,
Birgt in sich des Zaubers Kuss.

Stilleben der Stimmungen

Ein Bild, gerahmt in reiner Stille,
Fängt ein das Licht, die feine Fülle.
Stimmungen die sanft ruhen,
In Farben, die das Auge ums Tun.

Der Pinsel wischt, die Leinwand spricht,
Von Tagen voller Schwere und Licht.
Jede Szene in Balance gehalten,
Stillleben, die Stories entfalten.

Im Stillleben die Zeit angehalten,
Eine Welt in Farben entfaltet.
Momente, die für immer bleiben,
Im Auge des Betrachters sie treiben.

Figuren still, in Harmonie gebunden,
Drücken aus, was kaum in Worten zu kunden.
Stillleben der Stimmungen, zart und fein,
Vermächtnis der Stunden, im Schatten allein.

Meditationen der Muse

Verse sinken tief ins Sein,
Die Muse flüstert, leise, rein.
Gedanken schweifen, Zeit wird Raum,
Meditation, ein tiefer Traum.

Erkenntnis blüht im Stillen auf,
Es tanzen Worte, nehmen ihren Lauf.
Die Muse, sie umarmt die Ruh',
Erwacht das Ich, erneuert die Kuh.

Inspirations leiser Hauch,
Weckt im Geist den tiefen Brauch.
Meditation, des Denkens Spiel,
Ergründet, was ich wirklich will.

Die Muse führt zum inner' Kern,
Wo Stille wohnt, ich lausch' ihr gern.
Beflügelt Seele, Geist und Sinn,
Find' ich dort meinen Frieden drin.

Kulisse des Kummers

Graue Schleier, schwere Vorhänge,
Schatten tanzen, leise, ungezwungen.
In stummen Winkeln verbergene Ängste,
Nur flüsternd spricht hier die Zunge.

Tränen, die auf alten Briefen trocknen,
Welke Blumen in einsamen Stuben,
Kerzen flackern, ihre Flamme wird kleiner,
In den Ecken, wo die Geister sich gruppieren.

Durch die Ritzen schleichen kalte Lüfte,
Klagelieder hallen von den Wänden.
Kummer baut hier seine stille Bühne,
Wo Hoffnungen in Finsternis sich enden.

Leise knarren die Dielen der Vergangenheit,
Erinnerungen, eingehaust in Staub.
Jeder Moment ein gefrorener Schrei,
Dies ist des Kummers öder Raum.

Triptychon des Trostes

Im ersten Bild, ein sanftes Lächeln,
Wärme spendend, zart umfängt es mich.
Eine Umarmung, die die Seele streichelt,
Wispernd sagt: Vergiss dein Leiden nicht.

Das zweite, Strahlen durch das Dunkel,
Hoffnungsschimmer in des Lebens Sturm.
Ein Ankerplatz in den wilden Wogen,
Ein fester Halt, ein starker Arm.

Das dritte zeigt die Sternennacht,
Leitende Funken in der Schwärze weit.
Eine Brücke, die ins Morgen führt,
Tröstend legt sie sich über die Einsamkeit.

Triptychon des Trostes, gemalt in Zeiten,
Wo das Herz schwer, voll Kummer wiegt.
Es fügt die Splitter wieder zusammen,
Und zeigt den Weg, wo Frieden liegt.

Reigen der Reue

Tanz der Fehler, Drehung im Dunkel,
Gedanken schwer, wie Blei so trunken.
Ein Schritt zurück, zwei Schritte zur Seite,
Im Reigen der Reue tief versunken.

Gesten des Bedauerns, stummes Bitten,
Wogen des Wunsches nach Verzeihung.
Augen zu Boden, die Last erfasst uns,
In der Spirale ewiger Umkreisung.

Leise Musik spielt, Melancholie,
Die Geigen seufzen, der Boden bebt.
Jeder Takt ein Herzschlag des Schmerzes,
Wo jeder Fehler sein Echo webt.

Am Ende des Tanzes, da steht Vergebung,
Ein Schritt nach vorn, beginnt der Neubau.
Reigen der Reue, lerne die Lektion,
Das Morgenrot bricht an, es wird hell, himmelblau.

Miniaturen der Magie

Im Morgenlicht, Tau auf den Spinnennetzen,
Sparkling jewels, die hängen so leicht.
Ein Flüstern des Windes in den Weiden,
Magie, die leise durch das Land schleicht.

Unter dem Mond, die Schatten tanzen,
Silber und Schwarz in enger Verschränkung.
Sterne, die flüstern von alter Zeit,
Nächtliche Zauber und ihre Beschenkung.

Ein kleiner Vogel, der die Welt entdeckt,
Singend entfaltet er seine Flügel.
Jeder Schlag ein Pinselstrich des Lebens,
Die Erde bemalend in kräftigen Zügen.

Ein Lächeln, geboren aus Freundlichkeit,
Eine Handreichung, ein sanftes Wort.
Miniaturen der Magie, im Alltag verborgen,
In diesen kleinen Dingen lebt sie fort.

Lieder der Loyalität

In Stille steht die Wacht, treu dem alten Band,
Versprechen schallen durch die Nacht, fest wie das Land.
Hände halten ein Glied in der Kette so stark,
Unerschütterlich, ein leuchtender, treuer Mark.

Im Einklang schlagen Herzen, in Loyalität vereint,
Gefährten im Gleichschritt, das Ziel stets verfeint.
Durch Stürme und Ängste, Seite an Seite gestellt,
So formt sich der Bund, der die Zeiten erhellt.

Loyalität, ein Lied, das laut in uns rauscht,
Die Melodie der Treue, die durch die Adern braust.
Im Echolot der Ewigkeit, ein Schwur, unverwandt,
Wir singen die Lieder, auf das Band, das verband.

Sind auch Wege verschieden, so bleibt doch das Schwur,
In Taten und Worten, in der Zukunft Spur.
Loyalität, das Lied, das uns ewig verbindet,
Ein Versprechen, das in der Seele zündet.

Schwingungen des Schmerzes

Die Schwingungen des Schmerzes, tief unter der Haut,
Ein stummes Echo hallt, wo Vertrauen einst gebaut.
Durch jede Ritze dringt es, leise und doch so roh,
Ein Phantom alten Leides, entfacht aus nur einer Glut.

Tränen, die im Verborgenen fließen, still in ihrer Bahn,
Erzählen Geschichten von dem, was einst begann.
Ein Universum aus Schmerz, im Inneren versteckt,
Enthüllt sich in der Dunkelheit, die uns bedeckt.

Wohin führen die Pfade, die im Leid gewandert,
Wenn Schatten uns umfangen und der Geist gefangen?
Ein Flüstern des Schmerzes, das uns leise mahnt,
Das Vergangenes nicht vergeht, bis es wird erkannt.

Gefangen in den Schwingungen, der Seele zarte Saite,
Ertönt der Schmerz im Takt der Zeit, der das Herz begleite.
Doch leise wird der Klang, der einst so stark geschmerzt,
Wenn Heilung den Raum betritt, wo einst Schmerz nur geschwärzt.

Hymnen der Hoffnung

Im Dämmerlicht erwächst ein Lied, Hymnen der Hoffnung fein,
Sie flüstern in der Stille, brechen durch des Zweifels Stein.
Mit sanften Worten malt sie, die Zukunft bunt und hell,
Jede Note trägt ein Versprechen, von einem besseren Morgen schnell.

Über Berge und Täler, die Hymnen schweben weit,
Durchdringen Nebel, bringen Trost und sagen einen neuen Streit.
Ein Chor der Zuversicht, so kraftvoll und so rein,
Beseelt von dem Glauben, dass wir nicht alleine sein.

Die Hoffnung trägt uns über, die Abgründe der Nacht,
Erleuchtet von dem Glauben, dass nach dem Dunkel Tag erwacht.
Ein Anker in den Stürmen, ein Leuchtturm in der Flut,
Schenkt uns die Hymnen der Hoffnung, unsichtbar und doch so gut.

Lass die Melodie dich tragen, auf Flügeln der Serenität,
Bis in die fernsten Welten, wo die Hoffnung niemals vergeht.
Und wenn die Nacht am tiefsten, ihr Licht am hellsten bricht,
Singt die Hoffnung uns die Weise, die uns zu den Sternen spricht.

Noten der Nähe

In der Nähe, da erklingen, Noten, süß und sanft,
Sie umgarnen zarte Seelen, mit einer Magie, die bannt.
In jedem Blick, in jeder Geste, Musik, die uns durchdringt,
Erzählt von tiefer Zugehörigkeit, die in der Stille singt.

Ganz leise flüstern Melodien, von Nähe, die nicht verweht,
Ein leises Summen unter der Haut, das nie zu Ende geht.
Es ist der Rhythmus zweier Herzen, in Harmonie verschränkt,
Ein Akkord, der uns einbindet, der uns mit Wärme lenkt.

Nähe, nicht nur Berührung, sondern Noten, die uns verbinden,
Die über alle Distanzen, den Weg zueinander finden.
Es ist das Lied, das nur wir hören, wenn alles andere schweigt,
Eine Melodie der Intimität, die in den Herzen steigt.

Lass die Noten der Nähe entflammen, eine Symphonie, so wahr,
Gefühle, die in der Stille blühen, kostbar, selten und klar.
In diesem Konzert der Nähe, wo Seelen Hand in Hand gehen,
Da wird das Unsichtbare hörbar, und das Unaussprechliche geschehen.

Betrachtungen der Begierde

In Schleiern der Sehnsucht, verhüllt und bereit,
Erwacht ein Geflüster, ein Hauch der Begierde,
Das Feuer das lodert, in stiller Dunkelheit,
Uns treibend, umarmend, in endlosem Gierde.

Gestalten der Leidenschaft tanzen im Wind,
Ein Walzer der Pulse, im Takt des Verlangens,
Versprechen flüstern, so süß und so lind,
In Augenblicke, die sich ewig umfangens.

Betrachtung und Wunsch, sie fließen zu eins,
Als Schöpfer und Zerstörer im ewigen Reigen,
In Ketten gelegt durch unsichtbare Seins,
Gedanken, die stets zu neuen Ufern neigen.

Die Sehnsucht in uns, unstillbar, unzähmt,
Ein Fluss der Begierde, der grenzenlos strömt,
Er trägt unsere Träume, von Hoffnung umkränzt,
Ein Ozean, der in der Ewigkeit mündet, ungesäumt.

Chiffren der Chancen

Chancen schweben leicht, auf Federzügen der Zeit,
Chiffren, flüchtig geschrieben im Sand des Moments,
Sie bieten uns Wege, in neue Weiten, bereit,
Als Künstler des Schicksals, mit flüchtigen Zements.

Gelegenheit flüstert leise, mit süßer Melodie,
Vom Wind getragen, in flüsternden Briesen,
Sie wartet geduldig, auf Schritt und Tritt nie,
Um im Dämmer der Entscheidung sanft zu zerfließen.

Im Garten der Möglichkeiten blüht es kunterbunt,
Wo Chiffren im Mosaik des Lebens erzählen,
Von verborgenen Pforten, im Dasein verbunt,
Wo wir im Spiel des Zufalls, unsere Träume wählen.

Doch nur wer wagt, die Chiffren zu entziffern,
Kann die Seiten des Daseins eigenhändig schmücken,
Die Türen des Glücks, vorsichtig zu öffnen,
Und in die Ströme der Chance, mutig zu blicken.

Aphorismen der Anerkennung

In Worten der Wertschätzung, still und klar,
Legt Anerkennung den Grundstein zum Sein,
Sie baut Brücken aus Vertrauen, wunderbar,
Überwindet Grenzen, macht Einsamkeit klein.

Ein flüchtiger Blick, ein Nicken, ein Gruss,
Aphorismen der Achtung, in Gesten gesprochen,
Sie formen den Alltag, geben ihm einen Kuss,
Sind wie Schlüssel, die schwerste Türen aufbrochen.

In der Stille des Lobes, klingt eine Symphonie,
Von Dank und Respekt, eine Melodie der Herzen,
Sie wiegt sanft die Seele in wohlige Harmonie,
Und malt Freude in Augen, lindert auch Schmerzen.

So spinnen wir stetig am Netz der Anerkennung,
In Fäden der Würdigung, fein und doch stark,
Im Gewebe der Menschheit, in jeder Begegnung,
Ein Licht in der Dunkelheit, ein sichtbares Mark.

Terzette der Tränen

Tränen fließen leise, in Flüssen der Wehmut,
Sie erzählen von Schmerz, von Liebe, von Verlust,
Jedes Tränlein ein Wort, in des Herzens Buchstabe,
Eine Sprache, die spricht, wenn sie schweigen muss.

Gleich Perlen, die glänzen im Morgenlicht neu,
Sind Tränen der Seele das Salz im Ozean,
Sie tragen uns sanft, in einem schmerzhaften Reigen,
Im Einklang des Fühlens, so tief, so beseelt.

In der Kammer der Augen, geboren aus Kummer,
Reisen Tränen auf Wangen, in stillen Bahnen,
Sie malen die Karte unserer inneren Räume,
Spuren der Tiefe, die leise ins Licht mahnen.

Doch im Terzett der Tränen, beim Scheiden, beim Leid,
Erfahren wir Reinigung, Trost und auch Heilung,
In kristallener Klarheit, im Fluß der Zeit,
Offenbart sich das Herz, in stiller Verneigung.

www.ingramcontent.com/pod-product-compliance
Lightning Source LLC
LaVergne TN
LVHW012244070526
838201LV00090B/111